akakiko

panasia

35 ausgewählte Gerichte aus der asiatischen Küche

akakıko

panasia

photos by **FLORENCE STOIBER**

Inhalt

akakiko

> „Die Sauce ist der Triumph des Geschmacks in der Kochkunst."

Honoré de Balzac

Vorwort

Schließen Sie die Augen und stellen Sie sich vor, Sie würden in einen saftigen grünen Apfel beißen. So habe ich mich gefühlt, als ich in dieses faszinierende Projekt eingestiegen bin!
Ich widme das vorliegende Buch meinen treuen Gästen sowie den langjährigen Mitarbeiterinnen und Mitarbeitern. Es enthält die Rezepte jener 35 Speisen, die sich seit Gründung des ersten Restaurants 1994 bis heute größter Beliebtheit bei unseren Kunden erfreuen.
„Akakiko" entwickelt ständig neue Speisen und Beilagen, da es uns Freude bereitet, Ihnen möglichst große Abwechslung zu bieten. Der multikulturelle Hintergrund unserer Mitarbeiter hilft uns dabei sehr – sie bringen das kulinarische Wissen von über zwanzig, überwiegend asiatischen Ländern ein.
Die beschriebenen Rezepte und Saucen wurden über viele Jahre in unserer Zentralküche erarbeitet. Sie müssen, um ihren vollen Geschmack zu entfalten, unbedingt mit frischen Zutaten zubereitet werden. Das erfordert, dass Sie vor allem der Vorbereitung von Gemüse und Gewürzen besonderes Augenmerk schenken.
Alle enthaltenen Gerichte sind, auch wenn dies auf den ersten Blick anders aussehen mag, relativ einfach zuzubereiten. Das erlaubt auch Ihnen, mit wenig Aufwand selbst zu experimentieren. Soßen und Speisen sind verschieden kombinierbar. Ihrer kulinarischen Kreativität sind also keine Grenzen gesetzt.
So können Sie allen Ihren Gerichten eine ganz persönliche Note verleihen!
Also – viel Spaß beim Kochen!
Ihre

Mi-Ja Chun
Gründerin

Vorspeisen

4 Portionen

½ Stk. Eisbergsalat
1 Stk. Karotte
2 Stk. Radicchio
1 Handvoll Rucola
1 Stk., ca. 200 g Avocado
300 g Sojasprossensalat *(s. S. 70)*
120 g Kirschtomaten, halbiert
50 g Gari (eingelegter Ingwer, Asiashop)
100 ml Lemon-Dressing *(s. S. 93)*
(1 EL) Kürbiskernöl

Avocado-Sojasprossen-Salat

Zubereitung

Die bunten Salatzutaten waschen und schneiden:
Eisbergsalat und Radicchio in 3 × 3 cm große Stücke,
Karotten in 7 × 0,2 cm große Streifen.
Die Salate gemeinsam mit Rucola auf vier Tellern
verteilen und mit Lemon-Dressing marinieren.
Die Avocado vierteln, entsteinen und schälen.
Anschließend jedes Viertel der Länge nach in
fünf Streifen schneiden.
Jede Salatportion mit je fünf Avocadostreifen garnieren.
Zum Schluss die Kirschtomatenhälften und Gari auf
den Salaten verteilen, mit Lemon-Dressing anrichten.

Tipp: Geben Sie den bunten Salat
vor dem Anrichten kurz in eine Schüssel
mit kaltem Wasser, das hält ihn frisch.

Wakame Salad

4 Portionen

400 g Seetangsalat (Asiashop)
1 Stk. Karotte
1 Stk. Gurke, mittelgroß
4 Stk. Chilischoten (klein schneiden)
½ TL Blütenpfeffer (Asiashop)
60 ml Lemon-Dressing *(s. S. 93)*

Zubereitung

Seetang in eine Salatschüssel geben.
Karotte, geschält, in 8 × 0,2 cm große Streifen schneiden.
Von der gewaschenen Gurke nur die Schale in ca. 8 × 0,2 cm dicke Streifen schneiden.
Karotten- und Gurkenstreifen zum Seetang geben.
Mit Lemon-Dressing marinieren.
Auf vier tiefen Tellern verteilen.
Deko: Mit Blütenpfeffer und geschnittenen Chilischoten garnieren.

Tipp: Blütenpfeffer sollte offen sein, um sein Aroma voll entfalten zu können.

4 Portionen

350 g Sesam Chicken
(s. S. 34, Sesam Chicken)
350 g bunter Salat *(aus Eisbergsalat,*
Karotten, Radicchio, Rucola)
100 ml Honig-Senf-Dressing *(s. S. 92)*
100 ml Lemon-Dressing *(s. S. 93)*
100 g Kirschtomaten

Chicken Mustard Salad

Zubereitung

Die bunten Salatzutaten waschen und schneiden:
Eisbergsalat und Radicchio in 3 × 3 cm große Stücke,
Karotten in 7 × 0,2 cm große Streifen.
Die Salate gemeinsam mit Rucola auf vier Tellern verteilen
und mit Lemon-Dressing marinieren.
Auf dem bunten Salat das frittierte
Sesam Chicken *(Zubereitung siehe Seite 34)*
und Honig-Senf-Dressing *(siehe Seite 92)* verteilen.
Abschließend mit den halbierten Kirschtomaten garnieren.

Kimchi

4 Portionen

1 Stk., ca. 1 ½ kg Chinakohl
200 g Salz + 1 l Wasser
2 Zehen Knoblauch
1 kleines Stück Ingwer
½ Stk. Apfel, geschält
2 Stangen Jungzwiebeln
1 Stk. Zwiebel
1 EL Zucker
1 EL Fischsoße (Asiashop)
2 EL koreanisches Paprikapulver (scharf)
1 TL Salz

Zubereitung

Nur den harten, unteren Teil (2–3 cm) des Chinakohls
entfernen, den Rest waschen und anschließend
in 2,5 × 3 cm große Stücke schneiden.
200 g Salz in 1 l Wasser auflösen.
Die Chinakohlstücke in eine große Schüssel geben,
mit ½ l Salzwasser übergießen, 20 Minuten ziehen lassen,
dann den Rest des Salzwassers beifügen, öfter umrühren
und nochmals 1 Stunde ziehen lassen. In der Zwischenzeit
aus den anderen Zutaten die Würzsoße zubereiten.
Dazu Knoblauch, Ingwer, Apfel sowie die in Halbmonde
geteilte Zwiebel mit dem Pürierstab fein pürieren.
Die Jungzwiebel in kleine Stücke schneiden.
Alle Soßenzutaten, auch Fischsoße und Paprikapulver,
miteinander verrühren.
Den eingelegten Chinakohl 2–3-mal gut waschen und in einem
Sieb abtropfen lassen.
Chinakohl und die Kimchi-Soße gut miteinander vermischen.
Füllen Sie das Kimchi in Gläser mit Schraubdeckel, lassen
Sie es noch 3–4 Stunden bei Raumtemperatur stehen und
bewahren Sie es danach im Kühlschrank auf.

Tipp: Kimchi wird in Korea traditionell als Vorspeise
oder Beilage mit Reis gereicht. Sie können auch
eine größere Menge vorbereiten, da Kimchi
im Kühlschrank tagelang haltbar bleibt.

Tom Yam Goong

4 Portionen

100 g Tom-Yam-Paste (Asiashop)
1,5 l Wasser
150 g Garnelen (Cocktailshrimps oder Größe 26/30, ohne Schale, ohne Schwanzsegment)
40 g Austernpilze
1 Stange Sellerie
4 Stk. Champignons, weiß
1 Stk. (8 Scheiben) Limette
2 Stangen Koriander

Suppe auf thailändische Art mit Garnelen, Champignons, Sellerie und Koriander

Zubereitung

1,5 l Wasser in einem großen Topf zum Kochen bringen.
Die Tom-Yam-Paste im kochenden Wasser auflösen.
Garnelen waschen und abtropfen lassen.
Schneiden Sie die Austernpilze in 5 × 0,5 cm und
Sellerie in 1 × 1 cm große Stücke.
Garnelen, klein geschnittene Austernpilze und Sellerie
in der Tom-Yam-Suppe 5 Minuten kochen.
Champignons in feine Scheiben schneiden, beifügen
und weitere 2 Minuten kochen.
Die Suppe auf vier Schüsseln verteilen.
Mit je zwei Limettenscheiben und frischem Koriander garnieren.

Tipp: Wenn Sie die Suppe scharf bevorzugen,
können Sie mehr Tom-Yam-Paste verwenden.

Seafood

Sake Donburi

Lachs, leicht angebraten, Ikura-Kaviar, Avokadowürfel und Nori-Streifen, auf kaltem Sushireis serviert.

4 Portionen

800 g Sushireis, gekocht
200 ml Sushireis-Soße *(s. S. 96)*
320 g Lachsfilet
½ Blatt Nori nur für Deko (Seetang, Asiashop)
½–1 Stk. Avocado, mittelweich
80 g Lachskaviar (Ikura-Kaviar)
1 Prise schwarzer Pfeffer
60 ml helle Sojasoße
Wasabi auf Wunsch

Zubereitung

Den Sushireis kochen, 800 g fertigen Reis mit 200 ml
Sushireis-Soße vermischen und abkühlen lassen,
dabei öfter umrühren.
Das Lachsfilet in 32 Scheiben schneiden, Größe 8 × 3 cm groß,
3–5 mm dick, und je 8 Scheiben zusammen in wenig Öl zartrosa
anbraten. Die Filets müssen innen noch roh sein (siehe Foto).

Das Nori-Blatt fein in 4 cm lange, ca. 2 mm breite Streifen
schneiden.
Die Avocado in 1 × 1 cm große Würfel schneiden.
Je 200 g Sushireis in eine Schale geben, darauf die
Nori-Streifen verteilen.
Die Avocadowürfel auf den Nori-Streifen anrichten.
Mit Lachskaviar garnieren.
Zuletzt mit einer Prise schwarzem Pfeffer und auf
Wunsch einigen Körnern schwarzem Sesam verzieren.
Mit Sojasoße servieren.

Tipp: Die mittelweiche Avocado mit Schale
halbieren, entkernen und jede Hälfte mit dem
Messer in 4–6 Spalten teilen. Dann schälen
und in Würfel schneiden.

Lachs in Scheiben geschnitten außen
zartrosa anbraten, Sake donburi mit
Kaviar garnieren

https://bit.ly/2CzBZuw

4 Portionen

400 g Lachsfilet
100 g Edamame, gekocht (tiefgekühlt, Asiashop)
4 Stk. Salatherzen
½ Stk. Gurke
150 g Kirschtomaten
200 ml Wasabi-Mayo-Dressing *(s. S. 95)*
1 Prise schwarzer Pfeffer

Aburi Salmon Salad

Aburi-Lachs, Edamame auf Salat mit Wasabi-Mayo-Dressing

Zubereitung

Das Lachsfilet in 32 Scheiben schneiden, je 8 × 3 cm groß und 3–5 mm dick, und je 8 Scheiben zusammen in wenig Öl zartrosa anbraten. Die Filets müssen innen noch roh sein (s. Foto rechts und Video S. 22).
Gekochte, aufgetaute Edamame in ein Sieb geben, mit kaltem Wasser überspülen und abtropfen lassen.
Die Salatherzen in die einzelnen Blätter zerteilen, waschen und abtropfen lassen.
Die Gurke in 1 × 1 cm große Würfel schneiden.
Kirschtomaten halbieren.
Alle Zutaten anrichten, wie auf dem Foto zu sehen, Wasabi-Mayo-Dressing beifügen.
Den Lachs abschließend mit etwas schwarzem Pfeffer garnieren.

Tipp 1: Edamame sind noch unreif geerntete Sojabohnen in ihren Schoten, die im Ganzen gegart werden. Dazu werden sie in sprudelndem Wasser mindestens 5 Minuten gekocht. Nur die Bohnen werden gegessen, die Schoten nicht.

Tipp 2: Aburi Salmon Salad passt bestens zu gekochter Quinoa. Diese glutenfreie Getreidealternative ist ideal für Diäten geeignet.

Garnelen-Sake

Lachs und Garnelen mit Gemüse gebraten, mit süßsaurer Chilisoße und Reis; pikant

4 Portionen

250 g Garnelen
(Größe 26/30, ohne Schale, ohne Kopf)
1 EL Salz und Pfeffer
200 g Mischung aus 100 g Tempura-
und 100 g Weizenmehl
500 g Lachsfilet
300 ml Öl zum Frittieren
150 g Brokkoli (frisch oder gefroren)
1 mittelgroße Karotte
1 Stk. Paprika (½ grün, ½ rot)
1 mittelgroße Zwiebel
1 Stange Jungzwiebel
150–200 g Sojasprossen
200 ml süßsaure Soße (Asiashop)
1 EL Sambal Oelek (Asiashop)
60 ml Rapsöl zum Braten
Reis als Beilage

Zubereitung

Die gewaschenen Garnelen abtropfen lassen, salzen und pfeffern, leicht mit Tempura-Weizenmehl-Mischung panieren. Lachs 500 g, in 8 Stücke schneiden, salzen und pfeffern, leicht mit Tempura-Weizenmehl-Mischung panieren.
In einer Pfanne mit 300 ml Öl erst die Garnelen frittieren, danach den Lachs, dann beides zur Seite legen.
Das Gemüse waschen und in Stücke schneiden:
Die geschälte Karotte schräg in dünne Scheiben, die gewaschene Jungzwiebel in 2 cm lange Stücke, die geschälte Zwiebel und Paprika in 2 × 2 cm große Stücke.
Den Brokkoli in kleine Röschen teilen.
Dann das geschnittene Gemüse in 60 ml Öl braten: zuerst Brokkoli, Karotten, Paprika, nach 3 Minuten Zwiebeln, Jungzwiebel, Sojasprossen beifügen und weitere 3 Minuten braten.
Zum gebratenen Gemüse süßsaure Soße und Sambal Oelek hinzufügen, nach 3 Minuten Garnelen und Lachs dazugeben, alles zusammen braten. Vorsichtig wenden, sodass der Lachs nicht zerfällt!
Wie auf dem Foto auf vier Tellern anrichten und servieren.

Tipp: Vier Portionen gleichzeitig in einer Wokpfanne zu braten ist schwierig. Bereiten Sie daher besser Garnelen, Lachs und Gemüse wie in den ersten vier Arbeitsschritten beschrieben vor, und braten Sie dann jede Portion extra in einer Pfanne.

Lachs Teriyaki

Lachsfilets, leicht frittiert, mit Teriyaki-Soße, Gemüse, Sojasprossen und Reis

4 Portionen

800–1000 g Lachsfilet
1 TL Gewürzmischung aus Hondashi (Asiashop),
Salz und weißem Pfeffer
60 g Weizenmehl
1 Stk. Paprika (½ grün, ½ rot)
1 Stk. Zwiebel
40 g Champignons
400 g Sojasprossen
1 Stange Jungzwiebel
60 ml Rapsöl zum Braten
200 ml Öl zum Frittieren
300 ml Teriyaki-Soße *(s. S. 94 oder Asiashop)*
4 Prisen geröstete Sesamkörner
Reis als Beilage

Zubereitung

Lachsfilet in 8 oder 12 Stücke schneiden, 8 × 6 cm lang,
1 cm dick, dann waschen, mit Küchenpapier gut abtrocknen.
Mit der Mischung aus Hondashi, Salz und weißem Pfeffer
würzen. Dünn mit Weizenmehl panieren, nebeneinander auf
einen trockenen Teller legen (nicht aufeinander, sonst verkleben
die Filets).
Die Champignons in feine Scheiben, Paprika und Zwiebel
in 4 cm lange, 5 mm breite Streifen schneiden.
Öl in einer Pfanne erhitzen, das vorbereitete Gemüse – zuerst
Paprika, Zwiebeln, Champignons, Sojasprossen, Jungzwiebeln
in dieser Reihenfolge für 5 Minuten braten.
Gewürzmischung aus Salz, Hondashi, weißem Pfeffer mit
150 ml Teriyaki-Soße für 3 Minuten weiterbraten.
Während das Gemüse brät, in einer zweiten Pfanne
200 ml Öl erhitzen und den Lachs darin leicht frittieren.
Das gebratene Gemüse auf vier Tellern anrichten, je 2–3 Stücke
fertig gebratenen Lachs fächerförmig auflegen, jede Portion
mit einer Prise gerösteter Sesamkörner garnieren.
Je nach Wunsch die heiße Teriyaki-Soße direkt auf dem Lachs
oder separat dazu servieren.

Tipp 1: Teriyaki-Soße muss heiß sein.

Tipp 2: Servieren Sie Lachs-Teriyaki zu
gekochtem Reis oder buntem Salat.

Sake-Kuro-Reis

Schwarzer Reis (Kuro-Reis) mit Lachsfilets, Brokkoli, Zucchini und Teriyaki-Soße

4 Portionen

800–1000 g Lachsfilet
1 TL Gewürzmischung aus Hondashi,
Salz und weißem Pfeffer
60 g Weizenmehl
300 g Brokkoli (gefroren oder frisch)
250 g (1 Stk.) Zucchini
200 ml Teriyaki-Soße *(s. S. 94 oder Asiashop)*
½ kg Kuro-Reis (schwarzer Reis), gekocht *(s. S. 30)*
200 ml Öl zum Frittieren
60 ml Rapsöl zum Braten
4 Prisen geröstete Sesamkörner

Zubereitung

Lachsfilet in 8 oder 12 Scheiben schneiden – 6 cm lang,
1 cm dick –, waschen, mit Küchenpapier gut abtrocknen.
Mit der Mischung aus Hondashi, Salz und weißem Pfeffer
marinieren.
Dünn mit Weizenmehl panieren, nebeneinander auf einen
trockenen Teller legen.
Brokkoli in kleine Röschen teilen, Zucchini in 3 mm dicke
Scheiben schneiden.
Brokkoli und Zucchini in Teriyaki-Soße braten.
Während das Gemüse brät, 200 ml Öl in einer zweiten
Pfanne erhitzen und den Lachs darin leicht frittieren.
Den frittierten Lachs mit Teriyaki-Soße ablöschen.
Gemüse und Lachs auf vier Tellern anrichten, jede Portion
mit einer Prise gerösteter Sesamkörner garnieren.
Je nach Wunsch den gekochten schwarzen Reis in einer
Schale oder zusammen mit Gemüse und Lachs servieren.

Tipp 1: Mischen Sie Getreidearten nach Belieben.
Wichtig ist, dass das Mischungsverhältnis von
weißem Reis zu den übrigen Getreidearten
1 : 1 beträgt.

Tipp 2: Wer keinen schwarzen Reis bevorzugt,
kann auch normalen Reis verwenden.

Tipp 3: Wenn Sie öfter Akakiko-Rezepte kochen,
empfiehlt es sich, die Gewürzmischung aus Hondashi,
Salz und weißem Pfeffer (1 : 1 : 1)
in einer größeren Menge vorzubereiten.

Kuro-Reis
(schwarzer Reis)

4 Portionen

250 g weißer Reis
50 g schwarzer Reis
50 g rote Bohnen
50 g Kidneybohnen
50 g Kichererbsen
50 g Gerste, Weizen oder Hirse
400 ml Wasser

Zubereitung

Die Reis- und Getreidearten 5–6-mal
gründlich waschen, abtropfen und
gemeinsam wie Sushireis zubereiten
(s. S. 96).

Chicken

Sesam Chicken

Hühnerfilet frittiert mit Sesamkörnern, mit Reis, Salat und Teriyaki-Soße

4 Portionen

800 g Sesam Chicken
200 g Sojasprossensalat *(s. S. 70)* oder
bunter Salat mit Lemon-Dressing *(s. S. 93)*
200 ml Teriyaki-Soße *(s. S. 94 oder Asiashop)*

Rezept für Sesam Chicken:

600 g Hühnerfilet
300 g Weizenmehl
2 Stk. Eier
70 ml Sake (Reiswein, Asiashop)
1 ½ TL Salz, Pfeffer
½ TL Knoblauchgranulat
½ l Rapsöl zum Frittieren
250 ml Wasser
2 EL weiße Sesamkörner, ungeröstet

Zubereitung

Das Hühnerfilet in 6 × 1 cm große Streifen schneiden.
Mehl, Eier, Wasser, Sake, Salz, Pfeffer, Knoblauchgranulat mit dem Handmixer oder einem Kochlöffel gut zu einem Backteig vermengen.
Die geschnittenen Hühnerfiletstreifen einzeln in die fertige Teigmischung tunken.
½ l Öl auf 180 °C erhitzen und das Fleisch darin frittieren.
Braten Sie maximal 10 Stücke Hühnerfiletstreifen auf einmal, und wenden Sie sie dabei immer, damit die Stücke nicht miteinander verkleben.
Richten Sie das Sesam Chicken auf vier Tellern an. Je nach Geschmack wird die heiße Teriyaki-Soße separat serviert oder auf dem Sesam Chicken verteilt.

Tipp: Als Beilage servieren Sie nach Wunsch gekochten Reis, Sojasprossensalat *(s. S. 70)* oder bunten Salat mit Lemon-Dressing *(s. S. 93)*.

4 Portionen

600 g Hühnerfilets
1 TL Salz, Pfeffer
160 g Tempuramehl (Asiashop)
60 g Mehl
2 Stk. Eier
80 g japanische Panko-Brotkrümel
(Asiashop oder Semmelbrösel/Paniermehl)
160 g japanische Currywürfel (gelb, Asiashop)
300 ml Wasser
2–3 Kartoffeln
2 Stk. Karotten
1 Stk. Zwiebel
200 ml Öl zum Frittieren
200 g bunter Blattsalat mit Lemon-Dressing
(s. S. 14, Vorspeisen)
500 g gekochter Reis als Beilage

Katsu-Curry

Hühnerfilet, umhüllt von knusprigen japanischen Panko-Brotkrümeln, serviert mit einem Curry aus gekochten Kartoffeln und Karotten, als Beilagen Reis und Salat

Zubereitung

Die Hühnerfilets in 8 Stücke à 7 × 5 cm schneiden, dann mit Salz und Pfeffer würzen.
Mischen Sie das Tempura- und Weizenmehl.
Zum Panieren wenden Sie die Fleischstücke erst in der Mehlmischung, dann in geschlagenem Ei und schließlich in den Panko-Brotkrümeln.
Kartoffeln und Karotten schälen und in 1 × 1 cm große Würfel schneiden.
Kartoffel- und Karottenwürfel separat ca. 15 Minuten (knackig) im Salzwasser kochen, dann die geschnittene Zwiebel zugeben.
Während das Gemüse kocht, den Currywürfel in 300 ml Wasser lösen und im Topf für 5 Minuten kochen.
Das gekochte Gemüse (Kartoffeln, Karotten, Zwiebeln) in die kochende Currysoße geben.
Während die Currysoße schwach köchelt, die panierten Hühnerstücke in heißem Öl hellbraun frittieren, bis das Fleisch gar ist.
Die Hühnerfilets länglich schräg in ca. 1 cm dicke Scheiben schneiden (siehe Foto).
Das Curry und die Hühnerfiletstücke auf vier flachen Tellern anrichten, mit buntem Salat garnieren. Als Beilage servieren Sie gekochten Reis.

Cashew Chicken

4 Portionen

500 g Hühnerfilet
½ TL Salz, Pfeffer
1 Stk. Karotte
1 Stange Jungzwiebel
1 Stk. Zwiebel
80 g Kirschtomaten
120 g Champignons
150 g Brokkoli (frisch oder gefroren)
150 g (¼ Stk.) Chinakohl
80 g Cashewnüsse (geröstet)
60 ml Öl
150 ml Tonkatsu-Soße *(s. S. 94 oder Asiashop)*
Gekochter Reis als Beilage

Hühnerfilet mit Cashewnüssen, Champignons, Gemüse und Tonkatsu-Soße gebraten, mit Reis serviert

Zubereitung

Hühnerfilet in 5 × 2 cm große Streifen schneiden, mit Salz und Pfeffer würzen.
Das Gemüse waschen und in Stücke schneiden: die geschälte Karotte schräg in dünne Scheiben, die gewaschene Jungzwiebel in 2 cm lange Stücke, die geschälte Zwiebel in 2 × 2 cm, Chinakohl in 3 × 3 cm große Stücke, Kirschtomaten halbieren, geputzte Champignons in dünne Scheiben. Den Brokkoli in kleine Röschen teilen.
Öl in einer Pfanne erhitzen und das gewürzte Hühnerfilet darin braten.
Das Gemüse dazugeben und mitgaren, bis es bissfest ist.
Mit Tonkatsu-Soße ablöschen.
Auf vier Portionen aufteilen, abschließend mit gerösteten Cashewnüssen bestreuen und mit Reis servieren.

Sambal Chicken

4 Portionen

500 g Hühnerkeulen, ausgelöst
½ TL Salz, Pfeffer
1 Stange Jungzwiebel
1 Stk. Zwiebel
¼ Stk., ca. 150 g Chinakohl
1 Stk. Paprika (½ grün, ½ rot)
1 Stk. Karotte, mittelgroß
1 Stk. Ei
100 g Mischung aus Kartoffelstärkemehl
und Weizenmehl zum Panieren
200 ml Öl zum Frittieren
60 ml Öl zum Braten
200 ml Sweet Kochuchang Soße *(s. S. 92)*
2 TL Sambal Oelek (Asiashop)
1 TL Blütenpfeffer (offener Pfeffer)
Gekochter Reis als Beilage

Tipp 1: Vier Portionen gleichzeitig sind
schwer zu braten, daher sollten Sie sie aus
den vorbereiteten Zutaten (Schritte 1–5)
besser einzeln zubereiten.

Tipp 2: Beim Braten beginnen Sie mit
den härteren Gemüsearten, weil diese
eine längere Garzeit benötigen – also in
folgender Reihenfolge: Karotten, Paprika,
Chinakohl, Zwiebeln, Jungzwiebeln.

Tipp 3: Sambal Oelek ist scharf und
salzig! Falls jemand nicht scharf essen
möchte, können Sie die einzelnen
Portionen individuell zubereiten.

Jungzwiebellocken

https://bit.ly/2PMLGK4

Leicht frittierte Hühnerkeule mit Gemüse gebraten, in pikanter Sambalsoße und Blütenpfeffer, mit Reis serviert

Zubereitung

Das ausgelöste Fleisch der Hühnerkeule waschen,
abtropfen lassen und in 5 × 2 cm große Streifen schneiden,
dann mit Salz und Pfeffer würzen.
Das Gemüse waschen und in Stücke mit folgenden
Größen schneiden: den weißen Teil der Jungzwiebel 2 cm,
die geschälte Zwiebel 1 × 1 cm, Chinakohl 3 × 3 cm,
je ½ grüne und ½ rote Paprika sowie die geschälte Karotte
in 4 × 0,5 cm große Streifen.
Aus dem grünen Teil der Jungzwiebel schneiden Sie schräg
feinste Streifen und legen sie in eine Schale mit Wasser.
Darin eine Minute schwenken, bis die Streifen Locken bilden.
Ei, Kartoffelstärkemehl und Weizenmehl zu einem
Backteig mischen und das Hühnerfleisch darin panieren.
200 ml Öl auf 180 °C erhitzen, die panierten Hühnerkeulen
darin einzeln frittieren.
In einer anderen Pfanne 60 ml Öl erhitzen und darin Karotten,
Paprika, Chinakohl, Zwiebeln und die weißen Teile der
Jungzwiebel braten.
Nach 10 Minuten die fertig frittierten Hühnerkeulen zum
Gemüse geben und weitere 5 Minuten mitbraten.
Dann die Sweet Kochuchang Soße und danach
Sambal Oelek hinzufügen.
Auf vier Portionen aufteilen, mit etwas Blütenpfeffer
(Vorsicht: scharf!) würzen.
Abschließend mit den Jungzwiebellocken garnieren
und mit Reis servieren.

Chilinudeln

Asianudeln mit Hühnerfilet, Gemüse und pikanter Chilisoße

4 Portionen

300 g Hühnerfilet
½ TL Salz, Pfeffer
400 g Asia-(Eier-)Nudeln
1 Stange Jungzwiebel
1 Stk. Zwiebel
40 g Champignons
½ Stk. Paprika (¼ rot, ¼ grün)
1 Stk. Karotte
100 g Sojasprossen
60 ml Öl
100 ml Tonkatsu-Soße *(s. S. 94 oder Asiashop)*
2 EL Sambal Oelek (Asiashop)
Als Beilage bunter Salat mit Lemon-Dressing

Zubereitung

Das Hühnerfleisch in 4 × 0,5 cm große Streifen schneiden, mit Salz und Pfeffer würzen.

Nudeln in einem großen Topf al dente kochen, etwas Salz zugeben. Ständig rühren, damit sie nicht verkleben.

Das Gemüse waschen und in Stücke schneiden: die Jungzwiebel in 1 cm, die geschälte Zwiebel 1 × 1 cm, die Champignons in feine Scheiben, je ¼ grüne und ¼ rote Paprika sowie die geschälte Karotte in 4 × 0,5 cm große Streifen.

In einer Pfanne 60 ml Öl erhitzen, das Hühnerfleisch 3 Minuten darin braten, danach das noch rohe Gemüse beifügen, 3 Minuten weiterbraten.

Dann die gekochten Nudeln beifügen und mit Tonkatsu-Soße 3 Minuten zusammen braten.

In vier tiefen Tellern anrichten, als Beilage reichen Sie bunten Salat mit Lemon-Dressing.

Tipp: Braten Sie jede Portion einzeln, es ist einfacher und Sie können beim Würzen individuelle Vorlieben berücksichtigen.

Sweet Kochu-chang Chicken

4 Portionen

700 g Sesam Chicken *(s. S. 34, Sesam Chicken)*
Gebratener Reis:
100 g Karotten
100 g Champignons
1 Stk. Zwiebel
1 Stange Jungzwiebel
½ Stk. Paprika (¼ rot, ¼ grün)
120 ml Öl
500 g gekochter Reis
100 g Erbsen
½ TL Gewürzmischung aus Hondashi,
Salz und weißem Pfeffer
60 ml Kochuchang Soße *(s. S. 92)*
mischen mit 1 EL Sweet Chili Soße (Asiashop)

**Frittiertes Hühnerfleisch in pikanter
Sweet Chili Kochuchang Soße gebraten,
mit gebratenem Reis, Erbsen und Karotten**

Zubereitung

Das Gemüse waschen und in kleine Stücke schneiden: Die Karotten in 0,5 × 0,2 cm, die Champignons in feine Scheiben, die geschälte Zwiebel in kleine Würfel, den weißen Teil der Jungzwiebel in 0,5 cm lange Teile, je ¼ grüne und ¼ rote Paprika in 0,5 × 0,5 cm große Würfel.

Aus dem grünen Teil der Jungzwiebel schneiden Sie schräg feinste Streifen und legen sie in eine Schale mit Wasser. Darin eine Minute schwenken, bis die Streifen Locken bilden.

In heißer Pfanne mit 60 ml Öl das vorbereitete Gemüse (mit Ausnahme der grünen Jungzwiebellocken) braten, mit Salz, Pfeffer und Hondashi würzen, nach 5 Minuten den gekochten Reis dazugeben, gut mischen.

60 ml Öl in einer anderen Pfanne erhitzen, Sesam Chicken darin anbraten, dann 60 ml Sweet Chili Kochuchang Soße beifügen und gemeinsam kurz köcheln.

Das Sweet Kochuchang Chicken auf vier Portionen aufteilen, mit grünen Jungzwiebellocken garnieren und gemeinsam mit gebratenem Reis servieren.

Tipp: Gebratener Reis ist aufwendig zuzubereiten. Alternativ können Sie auch normalen gekochten Reis oder Asianudeln als Beilage zu Sweet Kochuchang Chicken reichen.

4 Portionen

800 g Hühnerfilet
½ TL Salz, Hondashi (Asiashop)
1 Stk. Zwiebel
1 Stange Jungzwiebel
½ Stk. Paprika, rot oder grün
250 g Sojasprossen
120 g Mischung aus Tempura- und Weizenmehl
200 ml Öl zum Frittieren
60 ml Öl zum Braten
250 ml Lemon-Soße *(s. S. 93)*
1 Prise Salz, Pfeffer
Gekochter Reis als Beilage

Lemon Chicken

Hühnerfilet, leicht paniert, auf gebratenem Gemüse und Sojasprossen, mit Lemon-Soße und Reis

Zubereitung

800 g Hühnerfilet in 8 Stücke mit je 10 × 5 cm teilen, dann mit Salz und Hondashi würzen.

Das Gemüse waschen und in Stücke schneiden: die geschälte Zwiebel in 1 × 1 cm, die Jungzwiebel in 1 cm, die halbe Paprika in 2 × 2 cm.

Weizen- und Tempuramehl-Mischung (1:1) mit 60 ml Wasser zu einem Backteig anrühren.

200 ml Rapsöl zum Frittieren erhitzen.

Die Hühnerfilets in den Backteig tunken und einzeln goldbraun frittieren, bis das Fleisch gar ist.

In einer anderen Pfanne 60 ml Öl erhitzen, Paprika, Zwiebeln, Jungzwiebeln, Sojasprossen bissfest braten, abschließend mit Salz und Pfeffer würzen.

Lemon-Soße anwärmen.

Das gebratene Gemüse auf vier Tellern verteilen.

Die Hühnerfilets vorsichtig in Scheiben schneiden und je zwei fächerförmig auf jeden Teller legen, dann warmer Lemon-Soße übergießen.

Mit gekochtem Reis servieren.

Tipp: Vier Limonenscheiben kurz mit Lemon-Soße erwärmen und vor dem Servieren das Hühnerfilet damit garnieren.

Beef

Gan bian Beef

Knusprig frittiertes Rindfleisch mit süßlicher Sojasoße, verfeinert mit Grünem Veltliner und einer Prise Blütenpfeffer, mit Reis serviert

4 Portionen

600 g Hüftsteak
1 Stange Jungzwiebel
1 Stk. Zwiebel
¼ Stk. Chinakohl
1 Stk. Paprika (½ rot, ½ grün)
1 Stk. Karotte
100 g Kartoffelstärkemehl
(mit 30 ml Wasser mischen)
½ l Öl zum Frittieren
60 ml Öl zum Braten
200 ml Gan-bian-Soße *(s. S. 93)*
½ TL, 5–7 Körner/Portion Blütenpfeffer
(sollte offen sein)
1 Prise Salz, Pfeffer
Gekochter Reis als Beilage

Tipp 1: Damit das Gan bian Beef knusprig bleibt, noch einmal kurz frittieren, bevor Sie es mit dem Gemüse mischen. Sie brauchen zwei Woks.

Tipp 2: Blütenpfeffer hat einen ungewöhnlichen Geschmack – er verleiht dem Gericht eine besondere Note, aber Sie müssen ihn nicht unbedingt verwenden.

Gan bian Beef

https://bit.ly/2JdlKVp

Zubereitung

Hüftsteak waschen, mit Küchenpapier abtrocknen und fein in 5 × 2 cm große Streifen schneiden, mit Salz und Pfeffer würzen.
Das Gemüse waschen und in Stücke folgender Größen schneiden: die Jungzwiebel in 2 × 1 cm, die geschälte Zwiebel 2 × 2 cm, Chinakohl 3 × 3 cm, je ½ grüne und ½ rote Paprika sowie die geschälte Karotte in 0,2 cm dicke Halbmondscheiben.
100 g Kartoffelstärkemehl mit 30 ml Wasser zu einem Backteig verrühren.
Alle Hüftsteakstreifen mit der Kartoffelstärkemasse zusammenmischen.
½ l Öl in einem Wok erhitzen, die Hüftsteakstreifen in kleinen Portionen frittieren, sonst verklebt das Fleisch; oft wenden, dann in einem Sieb abtropfen lassen.
Das geschnittene Gemüse in einer zweiten Wokpfanne in 60 ml heißem Öl braten, zuerst hartes Gemüse wie Karotten, Paprika und Chinakohl, nach 3 Minuten die Zwiebeln und Jungzwiebeln beifügen, weitere 3 Minuten garen.
Das fertig frittierte Fleisch zum Gemüse geben, zusammen braten, auch gut mischen. Nach 1 Minute die Gan-bian-Soße dazugeben, gut durchmischen.
Auf vier Tellern anrichten und mit fünf bis sieben Blütenpfefferkörnern pro Portion garnieren.
Mit gekochtem Reis servieren.

Douban-Tofu

4 Portionen

60 g Morcheln (Asiashop)
250 g Hüftsteak
200 g Hühnerfleisch
1 Stk., ca. 200 g Tofu (Asiashop)
1 Stange Jungzwiebel
1 Stk. Zwiebel
1 Stk. Paprika (½ grün, ½ rot)
1 Stk. Karotte
130 g Garnelen (Größe 26/30, ohne Schale, ohne Kopf)
60 g Champignons
60 g Zuckererbsen (gefroren)
140 ml Öl zum Braten
Doubanjang-Soße *(s. S. 92)*
Reis oder bunter Salat als Beilage

Tofu, Rindfleisch, Hühnerfleisch und Garnelen mit Champignons, Morcheln und Gemüse in Doubanjang-Soße gebraten

Zubereitung

Morcheln am Vortag vorbereiten, sie müssen 30 Stunden in lauwarmem Wasser eingeweicht werden.
Die Hüftsteaks waschen, mit Küchenpapier abtrocknen und in 5 × 2 × 0,3 cm dicke Streifen schneiden.
Das Hühnerfleisch in 3 × 3 × 0,3 cm dicke Streifen schneiden.
Die Tofublöcke in 2 × 2 cm große Würfel teilen.
Das Gemüse waschen und in Stücke mit folgenden Größen schneiden: Jungzwiebel 2 cm, die geschälte Zwiebel in 2 × 2 cm, je ½ grünen und ½ roten Paprika in 2 × 2 cm, die geschälte Karotte in 0,3 cm dicke Halbmonde, Champignons in feine Scheiben schneiden.
80 ml Öl in einem Wok erhitzen, das Hühnerfleisch darin 3 Minuten braten, umrühren, dann das Rindfleisch hinzufügen und weitere 2 Minuten braten, schließlich die Garnelen und Tofuwürfel dazugeben.
60 ml Öl im zweiten Wok erhitzen, darin das Gemüse braten. Karotten, Zuckererbsen, Paprika, weiche Morcheln 3 Minuten braten, danach Zwiebeln, Jungzwiebeln, Champignons dazugeben, weitere 3 Minuten braten.
Zum Gemüse Fleisch, Tofu, Garnelen dazugeben, mit Doubanjang-Soße braten.
Achtung: Tofu ist sehr weich, daher vorsichtig umrühren!
Auf vier Tellern mit gekochtem Reis oder buntem Salat als Beilage servieren.

Bulgogi Bibimbap

Reisgericht mit Bulgogi-Rindfleisch, Gemüse, Eistreifen und Shiitake-Pilzen; pikant

4 Portionen

12 Stk. Shiitake-Pilzhüte
1 TL Salz, Pfeffer
1 Stk. mittelgroße Zucchini
1 Stk. Karotte
1 Stk. roter Paprika
½ Stk. Gurke
3 Stk. Eier
400 g Hüftsteak
80 ml Rapsöl
150 ml Bulgogi-Soße *(s. S. 92)*
200 g Sojasprossensalat *(s. S. 70)*
600 g gekochter Reis
4 EL Kochuchang Soße *(s. S. 92)*
4 TL Sesamöl
1 TL Sesamkörner, geröstet

Tipp 1: Sie können Bulgogi auch allein als Hauptspeise servieren.

Tipp 2: Bibimbap bedeutet „zusammenmixen", also schön mischen, mit Gemüse, Reis und Sesamöl.

Zubereitung

Die Shiitake-Pilzhüte im lauwarmen Wasser 2,5 Stunden einweichen (wenn zu wenig Zeit ist, in heißem Wasser 10 Minuten kochen), dann 3 mm dick schneiden. Danach in einer Pfanne 5 Minuten braten, mit Salz und Pfeffer abschmecken.
Zucchini 0,2 cm dick schneiden (halbmondförmig), 3 Minuten mit wenig Öl in Pfanne braten, dann mit einer Prise Salz und Pfeffer würzen.
Die Karotte in 7 × 0,2 cm große Streifen schneiden (Julienne-Streifen), ebenfalls 3 Minuten in einer Pfanne braten, anschließend mit einer Prise Salz und Pfeffer würzen.
Die rote Paprika in 7 × 0,2 cm große Streifen schneiden, in einer Pfanne 3 Minuten braten.
Gurke in 7 × 0,2 cm große Streifen schneiden.
Das Ei mit Salz und Pfeffer schlagen, hauchdünn in eine Palatschinkenpfanne mit Öl gießen, wenden, abkühlen lassen und in feine Streifen schneiden.
Die Hüftsteaks 5 x 1 x 0,2 cm dick schneiden, mit Salz und Pfeffer würzen.
Rapsöl in einer Pfanne erhitzen, das gewürzte Fleisch 10 Minuten braten, dann mit Bulgogi-Soße ablöschen.

Servieren: In vier schönen Schalen je 150 g gekochten Reis füllen. Auf dem Reis das fertig gebratene Gemüse, die Eistreifen und Bulgogi anrichten (siehe Foto). Je nach Geschmack Kochuchang Soße (scharf) und je Portion 1 TL Sesamöl dazugeben, mit Sesamkörnern garnieren.

Mango Beef

4 Portionen

600 g Hüftsteak oder Beiried
1 EL Fischsoße (Asiashop)
100 ml Rapsöl zum Marinieren
2 EL Austernsoße (Asiashop)
4 EL Teriyaki-Soße *(s. S. 94 oder Asiashop)*
1 TL frischer Ingwer, fein gehackt
1 Stk., ca. 200 g Mango
400 g bunter Salat
200 ml Lemon-Dressing *(s. S. 93)*
4 Stk. Chilischoten
½ TL weißer Pfeffer

Rindfleisch mit Chilischoten gebraten, mit Mango, buntem Salat und Reis

Zubereitung

Hüftsteaks in 4 × 2 × 0,3 cm große Streifen schneiden,
dann 5–6 Stunden mit Fischsoße und 100 ml Rapsöl marinieren.
Das Rindfleisch mit Austernsoße und Teriyaki-Soße
5 Minuten braten, Ingwer beifügen.
Die Mango schälen, entkernen und in 8 × 1 cm große
Streifen schneiden.
Auf vier ovalen Tellern erst den Salat, das Dressing
und die Mangostreifen verteilen.
Das gebratene Rindfleisch auf dem Salat verteilen,
anschließend mit Chilischoten bestreuen,
mit weißem Pfeffer würzen.

Tipp: Als Beilage eignet sich Reis oder Baguette.

Gyu Donburi

4 Portionen

600 g gekochter Reis
500 g Hüftsteaks
2 mittelgroße Zwiebeln
1 Stange Jungzwiebel
2 EL Öl
600 ml Sake-Sojasoße *(s. S. 93)*
600 g gekochter Reis
1 TL Sesamkörner, geröstet (ohne Öl)

Gebratenes Rindfleisch, mariniert in japanischer Sake-Sojasoße und Jungzwiebeln, auf Reis

Zubereitung

Die Hüftsteaks in 4 × 2 × 0,3 cm große Streifen schneiden.
Die Zwiebel in 0,2 cm dicke Halbmonde schneiden, den weißen Teil der Jungzwiebel in 1 × 1 cm große Stücke schneiden, den grünen Teil zu Jungzwiebellocken formen.
2 EL Öl in einer Pfanne erhitzen, darin Zwiebeln und Fleisch 10 Minuten braten.
In einem großen Topf 600 ml Sake-Sojasoße zum Kochen bringen.
Gebratenes Fleisch und Zwiebeln in den Topf geben und weitere 10 Minuten kochen.
In vier asiatische Schalen (20 cm Durchmesser, 10 cm hoch) gekochten warmen Reis füllen.
Auf dem Reis das gekochte Rindfleisch anrichten.
Mit Jungzwiebellocken und gerösteten Sesamkörnern garnieren.

Jungzwiebellocken

https://bit.ly/2PMLGK4

Veggie

4 Portionen

1 kg gekochter Reis (als Beilage 500 g)
1 Stk. Karotte
1 Stange Jungzwiebel
1 Stk. Zwiebel
100 g Erbsen (gefroren)
4 EL Rapsöl
½ TL Salz
1 TL Hondashi
1 EL helle Sojasoße

Gebratener Reis
(Vorspeise, Beilage oder Hauptspeise)

Gebratener Reis mit Gemüse

Zubereitung

Die Karotten schälen, in 0,3 × 0,3 cm große Würfel, Jungzwiebel und Zwiebel in 0,5 × 0,5 cm große Stücke schneiden.
In einem Wok 4 EL Öl erhitzen, Karotten, Zwiebel- und Jungzwiebelstücke braten. Nach 5 Minuten Erbsen und den gekochten Reis hinzufügen, mit Salz und Hondashi würzen, Sojasoße beifügen, gut durchmischen und alles Weitere 5 Minuten braten.

In vier tiefen Tellern servieren.

Spicy Veg

Shiitake-Pilze, Morcheln und Gemüse in Chili-Sojasoße gebraten

4 Portionen

120 g Shiitake-Pilze, trocken (Asiashop)

80 g Morcheln, trocken (Asiashop)

1 Stk. Karotte

100 g, ca. 10 Stk. Champignons

1 Stk. Zwiebel

1 Stange Jungzwiebel

1 Stk. Paprika (½ rot, ½ grün)

100 g Zuckererbsen (tiefgekühlt)

60 ml Rapsöl zum Braten

250 ml Tonkatsu-Soße *(s. S. 92 oder Asiashop)*

1 EL Sambal Oelek (Asiashop)

4 EL Sesamöl (Asiashop)

Zubereitung

Shiitake-Pilze und Morcheln in separaten Schüsseln in lauwarmem Wasser ca. 1 Stunde einweichen. Wenn die Shiitake-Pilze weich sind, den Stiel entfernen, die Morcheln halbieren.

Das Gemüse waschen und klein schneiden: Karotte in 0,2 cm dicke Halbmonde, Champignons in dünne Scheiben, Zwiebel in 5 × 0,5 cm große Streifen und Jungzwiebel in 2 × 1 cm große Stücke. Je ½ roten und ½ grünen Paprika in 5 x 1 cm große Stücke schneiden.

60 ml Öl in einem Wok erhitzen, Karotten, Paprika, Zuckererbsen, Shiitake-Pilze, Morcheln 10 Minuten braten, zum Schluss Zwiebeln und Jungzwiebeln beifügen. Mit Tonkatsu-Soße und Sambal Oelek ablöschen. Nach weiteren 3 Minuten Sesamöl beifügen.

Auf vier Portionen aufteilen, mit gekochtem Reis oder buntem Salat mit Lemon-Dressing servieren.

Tipp 1: Braten Sie die Portionen am besten einzeln im Wok.

Tipp 2: Sambal Oelek den individuellen Wünschen entsprechend verwenden, da das Gewürz scharf ist.

Yasai Itame

4 Portionen

2 Stangen Jungzwiebeln
1 Stk. Zwiebel
1 Stk. roter Paprika
1 Stk. grüner Paprika
1 Stk. Karotte
150 g (¼ Stk.) Chinakohl
120 g Champignons
1 Stk. Zucchini
120 g Zuckererbsen
120 g Brokkoli (gefroren), wenn frisch, vorher kochen
100 g Sojasprossen
2 Block Tofu
300 ml Pflanzenöl
300–400 ml Itame-Soße
1 TL Sesamkörner, geröstet

Gemüse und Mapo-Tofu in pikanter Itame-Soße gebraten, mit Reis serviert

Zubereitung

Das Gemüse waschen und in Stücke schneiden: Jungzwiebeln in 1 cm, die geschälte Zwiebel halbmondförmig in 2 × 2 cm große Stücke, die Paprika sowie die geschälte Karotte in 4 × 0,5 cm große Streifen, Chinakohl in 3 × 3 cm große Stücke. Die geputzten Champignons sowie die Zucchini in feine Scheiben schneiden, Brokkoli in kleine Röschen teilen.
Tofu in 1 × 1 cm große Würfel schneiden.
¼ l Öl in einem Wok erhitzen, den geschnittenen Tofu hellbraun braten, oft wenden und in einem Metallsieb abtropfen lassen.
In einem anderen Wok das geschnittene Gemüse braten – immer mit den harten Gemüsearten beginnen –, nach 5 Minuten die Tofuwürfel beifügen und 2 Minuten weiterbraten.
Itame-Soße dazugeben, gut durchmischen, bis sich die Soße gut verteilt hat.
Auf vier Schalen aufteilen, mit gebratenem oder gekochtem Reis servieren und mit Sesamkörnern garnieren.

Tipp: Die Portionen einzeln im Wok zubereiten.

Gebratene Nudeln

Gebratene Nudeln mit Gemüse

4 Portionen

400 g Eiernudeln (Asiashop)
1 Stk. Karotte
1 Stk. Zwiebel
1 Stange Jungzwiebel
½ Stk. roter Paprika
120 g Sojasprossen
2 TL Gewürzmischung aus Hondashi,
Salz und weißem Pfeffer
1 EL helle Sojasoße

Zubereitung

3 l Wasser in einem großen Topf zum Kochen bringen,
darin die Eiernudeln (besser auf 2 Mal aufteilen) al dente
kochen (nicht zerkochen), öfter mit dem Kochlöffel umrühren.
Die fertigen Nudeln in einem Sieb unter fließendem Wasser
„abkühlen".
Das gewaschene Gemüse in feine, 4–5 cm lange Streifen
schneiden.
Öl in einem Wok erhitzen, erst Karotten, Paprika, Zwiebeln
darin 3 Minuten garen, danach das restliche Gemüse beifügen
und weitere 3 Minuten unter ständigem Umrühren braten.
Die Nudeln und Gewürze hinzufügen, mit Sojasoße ablöschen
und alles kurz zusammen braten.

Tipp: Als Beilage verwenden Sie 400 g Nudeln,
als Hauptspeise die doppelte Menge. Jeweils
nur 2 Portionen auf einmal braten.

Sojasprossen

(Vorspeise oder Beilage)

Salat aus Sojasprossen, Karotte und Jungzwiebel

4 Portionen

600 g Sojasprossen
½ Karotte
½ Stange Jungzwiebel
½ TL Salz
½ TL Knoblauchpulver
½ TL Hondashi
1 EL Sesamöl
¼ TL Sesamkörner, geröstet

Zubereitung

Sojasprossen 2-mal waschen, dabei nicht stark drücken.
In einem 5-Liter-Topf Wasser zum Kochen bringen,
Sojasprossen hinzufügen, einige Male wenden und nach
3 Minuten in ein Sieb füllen, 2-mal mit kaltem Wasser spülen,
dann das Wasser abtropfen lassen.
Die gewaschene Karotte in 3 cm lange, feine Streifen schneiden.
Die Jungzwiebel in 0,5 cm lange Stücke schneiden.
Die gekochten Sojasprossen auf vier Schalen aufteilen,
danach das Gemüse und Gewürze dazumischen.
Mit gerösteten Sesamkörnern garnieren.

Tipp: Sojasprossen mit Gemüse und Gewürzen
vorsichtig mischen!

Rolls

Spicy King Roll

4 Portionen

1 Stk. Bambusmatte (22 × 22 cm)
in Frischhaltefolie gewickelt
300 g Lachstatar (roh, zerkleinert)
120 ml Spicy Mayo Soße *(s. S. 94)*
2 EL Masago (Kaviar orange, Asiashop)
2 EL Tempuraflocken (Asiashop)
1 Stange Jungzwiebel
2 Stk. Avocado, mittelweich
4 Stk. Surimi
1 Stk. Gurke „Julienne", mittelgroß
600 g Sushireis *(gekocht mit Sushisoße, s. S. 94, 96)*
4 Blätter (20 × 10 cm) Nori (Seetangblätter, Asiashop)

Pikante Rolls mit Lachstatar, vermischt mit Spicy Mayo Soße, Masago, Tempuraflocken, Jungzwiebel, Avocado, Surimi und Gurke Julienne

Zubereitung

Die Bambusmatte (in Frischhaltefolie eingewickelt) auf ein trockenes Schneidbrett legen und darauf ein Nori-Blatt platzieren.
Auf dem Seetang 150 g Sushireis gleichmäßig verteilen.
Vorsicht, nicht stark drücken, sonst wird der Reis „matschig".
Nur das Nori-Blatt mit dem Reis umdrehen (nicht die Bambusmatte).
Von der gewaschenen Gurke die Schale mit etwas angrenzendem Fruchtfleisch in feine Julienne-Streifen, die Jungzwiebel in 0,2 cm lange Stückchen schneiden.
Die zwei Avocados in 16 längliche Scheiben schneiden.
Auf das Nori-Blatt die halbierten Surimi, Gurke Julienne und vier Avocadoscheiben länglich auflegen und mit der Bambusmatte rollen.
Spicy Mayo Soße, das Lachstatar und Masago vermischen und oben auf der Roll verteilen.
Abschließend mit Tempuraflocken und Jungzwiebeln garnieren.
Die Roll in acht Scheiben schneiden.

Tipp: Die Roll mit der Mayo Soße zu schneiden ist schwierig, alternativ können Sie die Soße auch auf die geschnittenen Scheiben geben oder dazu servieren.

Dragon Roll

Pikante Rolls mit Avocadoscheiben, Spicy Mayo Soße, Tempuragarnelen, Tempuraflocken, Masago und Gurke Julienne

4 Portionen

1 Stk. Bambusmatte (22 × 22 cm),
in Frischhaltefolie gewickelt
½ l Öl zum Frittieren
2 Stk. × 4 = 8 Stk. Tempuragarnelen
(bratfertig, Asiashop)
2 Stk. Avocado
120 ml Spicy Mayo Soße *(s. S. 94)*
2 EL Tempuraflocken (gefroren, Asiashop)
2 EL Masago (Kaviar orange, Asiashop)
1 Stk. Gurke „Julienne", mittelgroß
600 g Sushireis *(gekocht mit Sushisoße, s. S. 94, 96)*
1 Stange Jungzwiebel
4 Blätter (20 × 10 cm) Nori (Seetangblätter)

Zubereitung

Die Tempura-Garnelen in ½ l Öl bei 180 °C 5 Min. frittieren, dann auf Küchenpapier abtropfen lassen.
Die Bambusmatte (in Frischhaltefolie eingewickelt) auf ein trockenes Schneidbrett legen und darauf ein Nori-Blatt platzieren.
Auf dem Seetang 150 g Sushireis gleichmäßig verteilen. Vorsicht, nicht stark drücken, sonst wird der Reis „matschig".
Nur das Nori-Blatt mit dem Reis umdrehen (nicht die Bambusmatte).
Von der gewaschenen Gurke die Schale mit etwas angrenzendem Fruchtfleisch in feine Julienne-Streifen schneiden, die Jungzwiebel in 0,2 cm lange Stückchen schneiden.
Die zwei Avocados in 16 längliche Scheiben schneiden, in Frischhaltefolie wickeln, damit die Stücke grün bleiben.
Auf das Nori-Blatt 2 Stück Tempuragarnelen (Schwanzende nach außen) und Gurke Julienne legen, dann mit der Bambusmatte rollen.
Auf die Roll dünne Avocadoscheiben legen.
Die Roll mit Spicy Mayo Soße, Masago-Mix, Tempuraflocken und Jungzwiebel garnieren.
Die Roll in acht Scheiben schneiden.

Dragon Roll mit Avocado und Garnelen
Arbeitsschritte

https://bit.ly/2PkFdsE

Spicy Tuna Roll

Pikante Rolls mit Thunfischtatar, vermischt mit Spicy Mayo Soße, Masago, Tempuraflocken, Jungzwiebeln, Avocado, Surimi und Gurken Julienne

4 Portionen

1 Stk. Bambusmatte (22 × 22 cm),
in Frischhaltefolie einwickeln
300 g Thunfischtatar, fein zerkleinert
120 ml Spicy Mayo Soße *(s. S. 94)*
2 EL Masago (Kaviar orange, Asiashop)
2 EL Tempuraflocken (Asiashop)
1 Stange Jungzwiebel
2 Stk. Avocado
4 Stk. Surimi
1 Stk. Gurke „Julienne", mittelgroß
600 g Sushireis *(gekocht mit Sushisoße, s. S. 94, 96)*
4 Blätter (20 × 10 cm) Nori (Seetangblätter)

Tipp 1: Verwenden Sie zum Schneiden der Roll ein Sushi- oder Sahimi-Messer, das Sie vorher in kaltes Wasser getaucht haben – dann schneidet das Messer besser bzw. bleibt der Reis nicht auf der Klinge kleben.

Tipp 2: Das Thunfischtatar mit der Spicy Mayo Soße können Sie auch nach dem Schneiden auf jede Scheibe geben. Mit Spicy Mayo Soße garnierte Rolls lassen sich nur schwer schneiden.

Zubereitung

Die Bambusmatte (in Frischhaltefolie eingewickelt) auf ein trockenes Schneidbrett legen und darauf ein Nori-Blatt platzieren.

Auf dem Seetang 150 g Sushireis gleichmäßig verteilen. Vorsicht, nicht stark drücken, sonst wird der Reis „matschig". Nur das Nori-Blatt mit dem Reis umdrehen (nicht die Bambusmatte).

Von der gewaschenen Gurke die Schale mit etwas angrenzendem Fruchtfleisch in feine Julienne-Streifen schneiden, die Jungzwiebel in 0,2 cm lange Stückchen schneiden.

Die zwei Avocados in 16 längliche Scheiben schneiden. Auf das Nori-Blatt die halbierten Surimi, Gurke Julienne und vier Avocadoscheiben länglich auflegen und mit der Bambusmatte rollen.

Auf der Roll mit einem Löffel das gemischtes Thunfischtatar, Spicy Mayo Soße und Masago verteilen.

Mit Tempuraflocken und geschnittener Jungzwiebel garnieren.

Die Roll in acht Teile schneiden.

4 Portionen

1 Stk. Bambusmatte (22 × 22 cm),
in Frischhaltefolie einwickeln
½ l Öl zum Frittieren
8 Stk. Tempuragarnelen (gefroren, Asiashop)
300 g gekochter Lachs
120 ml Spicy Mayo Soße *(s. S. 94)*
2 EL Masago (Kaviar orange, Asiashop)
2 EL Tempuraflocken
1 Stange Jungzwiebel
2 Stk. Avocado, mittelweich
1 Stk. Gurke „Julienne", mittelgroß
600 g Sushireis *(gekocht mit Sushisoße, s. S. 94, 96)*
4 Blätter (20 × 10 cm) Nori (Seetangblätter)

Pikante Rolls mit gekochtem Lachs, Spicy Mayo Soße, Masago, Tempuraflocken, Jungzwiebeln, Avocado, Tempuragarnelen und Gurke Julienne

Zubereitung

Die Tempura-Garnelen in ½ l Öl bei 180 °C 5 Min. frittieren, dann auf Küchenpapier abtropfen lassen.
Die Bambusmatte (in Frischhaltefolie eingewickelt) auf ein trockenes Schneidbrett legen und darauf ein Noriblatt platzieren.
Auf dem Seetang 150 g Sushireis gleichmäßig verteilen. Vorsicht, nicht stark drücken, sonst wird der Reis „matschig". Nur das Nori-Blatt mit dem Reis umdrehen (nicht die Bambusmatte).
Von der gewaschenen Gurke die Schale mit etwas angrenzendem Fruchtfleisch in feine Julienne-Streifen schneiden, die Jungzwiebel in 0,2 cm lange Stückchen schneiden.
Die zwei Avocados in 16 längliche Scheiben schneiden.
Auf das Nori-Blatt zwei Stück frittierten Tempuragarnelen (Schwanz Richtung Außenseite), Gurke Julienne und vier Avocadoscheiben länglich auflegen und mit der Bambusmatte rollen.
Den gekochten Lachs mit Spicy Mayo Soße und Masago vermischen, die Roll damit garnieren.
Tempuraflocken und geschnittene Jungzwiebel auf der Roll verteilen.
Roll in acht Scheiben schneiden.

Desserts

4 Portionen

A 250 ml Kokosmilch
40 g Zucker
1 Prise Salz
6 g Gelatine
10 ml Zitronensaft

B 360 ml Mangosaft
36 g Mangopüree
36 g Zucker
1 Prise Salz
8 g Gelatine
4 200-ml-Gläser
½ kleine Mango

Mango-Kokos-Pudding

Pudding aus Mango und Kokos

Zubereitung

Kokosmilch, Zucker, Salz, Gelatine und Zitronensaft in
einen Topf geben. 10 Minuten lang kochen und umrühren.
In vier Gläser aufteilen, abkühlen lassen, dann 2 Stunden in
den Kühlschrank stellen.
Mangosaft, Mangopüree, Zucker, Salz und Gelatine in einem
anderem Topf 10 Minuten lang kochen und umrühren.
Über den abgekühlten Kokospudding in die vier Gläser füllen.
Abkühlen lassen, dann weitere 2 Stunden in den Kühlschrank
stellen.
Mit 2–3 frischen Mangoscheiben garnieren.

4 Portionen

A 40 g Butter
     80 g Kekse

B 125 g Philadelphia-Frischkäse
     65 g Zucker
     100 g Schlagobers/Schlagsahne
     6 g Gelatinepulver
     25 ml Wasser

C 125 g Philadelphia-Frischkäse
     65 g Zucker
     100 g Schlagobers
     6 g Gelatinepulver
     25 ml Wasser
     4 g Matchapulver
     4 200-ml-Gläser
     4 Blätter Melisse, Schlagobers zum Garnieren

Matcha-Cheesecake

Japanischer Cheesecake mit Matcha-Grüntee und Biskuitboden

Zubereitung

Die Butter schmelzen, die Kekse brechen,
mischen und dann in vier 200-ml-Gläser füllen.
Gelatine und 25 ml Wasser mischen,
im Wasserbad schmelzen.
Philadelphia, Zucker, Schlagobers mischen,
dann im Wasserbad schmelzen.
Geschmolzene Gelatine und Philadelphia-Mischung
verrühren, danach in die Gläser füllen und für eine Stunde
im Kühlschrank abkühlen lassen.
Zutaten wie 2–4 mischen (Philadelphia, Zucker,
Schlagobers und Matchapulver).
Die entstandene Masse in die Gläser füllen,
abkühlen lassen.
Mit etwas Matchapulver garnieren.

4 Portionen

A   40 g Butter
     80 g Kekse

B   125 g Philadelphia-Frischkäse
     65 g Zucker
     100 g Schlagobers
     6 g Gelatinepulver
     25 g Wasser

C   125 g Philadelphia
     65 g Zucker
     50 g Schlagobers
     50 g Erdbeeren
     6 g Gelatinepulver
     25 g Wasser
     4 g flüssige Lebensmittelfarbe
     (auf Wunsch, ist aber nicht unbedingt notwendig)
     4 200-ml-Gläser

Erdbeer-Cheesecake

Fruchtiger Cheesecake mit Erdbeeren und Biskuitboden

Zubereitung

Die Butter schmelzen, die Kekse brechen,
mischen und dann in vier 200-ml-Gläser füllen.
Gelatine und 25 ml Wasser mischen,
im Wasserbad schmelzen.
Philadelphia, Zucker, Schlagobers mischen,
dann im Wasserbad schmelzen.
Geschmolzene Gelatine und Philadelphia-Mischung verrühren,
dann in die Gläser füllen und für eine Stunde
im Kühlschrank abkühlen lassen.
C-Zutaten wie 2–4 mischen (Philadelphia, Zucker, Schlagobers
und Erdbeere).
Dann den daraus entstandenen Teig in die Gläser füllen,
abkühlen lassen.

Kochuchang Soße

Kimchi

Wasabi Mayo Dressing

Ganbian Beef Soße

Tonkatsu-Soße

Katsu Curry Soße

Lemon-Soße

Teriyaki-Soße

Soßen

Bulgogi-Soße (Bulgogi Bibimbap)

Zutaten

½ Scheibe Ananas (aus der Dose)
3 EL Weißwein
4 EL koreanische Sojasoße
½ EL Honig
1 Prise weißer Pfeffer
1 TL Zucker
¼ Stk. Zwiebel
2 Zehen Knoblauch
2 TL Sesamöl
1 Prise Salz

Alle Zutaten in eine Schüssel geben und mit einem Handmixer zu Püree mixen.

Doubanjang-Soße

Zutaten

2 EL Doubanjang (Asiashop)
100 ml Teriyaki-Soße
1 EL Zucker
1 TL dunkle Sojasoße
2 TL Sambal Oelek
1 EL koreanische Sojasoße
¼ TL Doubanjang

Alle Zutaten in einen Topf geben.
Doubanjang gut mit anderen Soßen mischen.

Honig-Senf-Dressing (Chicken Mustard Salad)

Zutaten

2 EL Dijon-Senf
3 EL Honig
70 ml Mayonnaise, 80 %
½ TL Salz
½ TL Pfeffer
50 ml Zitronensaft
½ Stk. Zwiebel, sehr fein gehackt

Alles zusammen kochen, bis die Zwiebeln gar sind.

Kochuchang Soße (Bibimbap, Sambal Chicken)

Zutaten

200 g koreanische Chilipaste (Asiashop)
50 ml Sprite
1 TL Sesamkörner, geröstet
½ TL Knoblauchpulver
1 EL Sesamöl
1 EL Honig
1 TL Zucker

In einer Schüssel alle Zutaten zusammengeben.
Gut mischen, nach dem Gebrauch den Rest im Kühlschrank aufbewahren.
Für Sweet Chili Kochuchang Soße
1 EL Sweet Chili Soße (Asiashop) beifügen.

Lemon-Soße

Zutaten

120 g Mayonnaise, 80 %
1 EL Zucker
1 EL Zitronensaft
½ Stk. Zwiebel, ganz fein hacken
½ TL Salz

Alle Zutaten in einer Schüssel
mit einem Handmixer verrühren.

Ganbian Beef Soße

Zutaten

1 TL Öl
1 EL Zucker
1 Zehe Knoblauch, klein gehackt)
½ EL koreanische Chilipaste (Kochuchang)
50 ml Wasser
½ TL Salz
1 ½ EL Essig
1 EL Weißwein (Grüner Veltliner)
1 EL dunkle, chinesiche Sojasoße
¼ TL Hondashi
1 TL Sambal Oelek

Alle Zutaten mit einem Handmixer vermischen.

Sake-Sojasoße (Gyu Donburi)

Zutaten

400 ml Wasser
2 TL Hondashi
1 kleine Zehe Ingwer
2 EL (gestrichen) Zucker
100 ml Sake
100 ml Mirin
120 ml helle, koreanische Sojasoße

Wasser, Hondashi und Ingwer verrühren,
10 Minuten kochen lassen. Zucker beifügen,
weitere 5 Minuten kochen. Sake, Mirin und
Sojasoße dazugeben, 5 Minuten kochen.

Lemon-Dressing (Salatsoße)

Zutaten

2 EL Essig
½ TL Zucker
1 EL Zitronensaft
½ TL Sesamkörner, geröstet
½ TL Salz
1 EL Sesamöl

Alle Zutaten in einer Schüssel verrühren.

Spicy Mayo

Zutaten

100 g Mayonnaise, 80 %
70 ml Sriracha-Soße (scharfe thailändische Chilisoße, Asiashop)
1 EL (10 ml) Sake (Reiswein, Asiashop)
10 ml Sesam-Dressing (Asiashop)
1 TL Essig, 5 %
½ TL Salz
½ TL Zucker

Alle Zutaten vermischen.

Teriyaki-Soße*

Zutaten

120 ml Wasser
50 ml koreanische Sojasoße
1 kleines Stück Ingwer
¼ Stk. Jungzwiebel
1 EL Weißwein
1 EL Mirin
¼ Stk. Apfel
¼ Stk. Zwiebel
½ Stk. Karotte
2 EL Zucker
½ TL Salz
1 EL Kartoffelstärkemehl, gemischt mit 2 EL Wasser

Alle Zutaten außer der Kartoffelstärkemasse in einem 5-l-Topf zum Kochen bringen, 20 Minuten kochen. In einen anderen Topf durchsieben, damit nur Flüssigkeit bleibt; auf kleiner Flamme zum Kochen bringen. Langsam die Kartoffelstärkemasse dazugeben, dabei mit Kochlöffel umrühren, 3 Minuten weiterkochen.

Sushi-Soße

Zutaten

50 ml Essig, 5 %
1 EL Zucker
1 TL Salz
2 EL Sake (Reiswein, Asiashop)
½ Stk. Zitronensaft, frisch

Alle Zutaten mit Handmixer vermischen.

Tonkatsu-Soße*

Zutaten

120 ml Wasser
50 ml koreanische Sojasoße
½ Stk. Karotte
¼ Stk. Apfel
¼ Stk. Zwiebel
1 Stk. Tomate
1 Prise Knoblauchpulver
1 EL Mirin
1 EL Zucker
½ TL Salz
1 EL Kartoffelstärkemehl, gemischt mit 2 EL Wasser

Alle Zutaten außer der Kartoffelstärkemasse in einem 5-l-Topf zum Kochen bringen, 20 Minuten kochen. In einen anderen Topf durchsieben, damit nur Flüssigkeit bleibt; auf kleiner Flamme zum Kochen bringen. Langsam die Kartoffelstärkemasse dazugeben, dabei mit Kochlöffel umrühren, 3 Minuten weiterkochen.

Wasabi-Mayo

Zutaten

1 ½ EL Wasabipulver
3 EL Wasser
80 g Mayonnaise, 80 %
50 ml Pflanzenöl
2 ½ EL Essig, 5 %
2 EL Zitronensaft
½ TL Salz
1 Prise Pfeffer
1 TL Zucker

Alle Zutaten mit Handmixer vermischen.

Kimchi-Soße

Zutaten

2 Zehen Knoblauch
1 kleines Stück Ingwer
½ Stk. Apfel, geschält
2 Stangen Jungzwiebeln
1 Stk. Zwiebel
1 EL Zucker
1 EL Fischsoße (Asiashop)
2 EL koreanisches Paprikapulver (scharf)
1 TL Salz

Knoblauch, Ingwer, Apfel sowie die in Halbmonde
geteilte Zwiebel mit dem Pürierstab fein pürieren.
Die Jungzwiebel in kleine Stücke schneiden.
Alle Zutaten miteinander verrühren.

Yakiniku-Soße

Zutaten

50 ml koreanische Sojasoße
30 ml Mirin
1 EL Zucker
¼ Stk. Roter Paprika
1 TL Sesamöl
1 Prise Sesamkörner
2 EL koreanische Chilipaste (Kochuchang, Asiashop)
1 kleines Stk. (6 g) Ingwer
¼ Stk. Zwiebel
½ EL Paprikapulver, süß
½ Stk. Karotte
2 Zehen Knoblauch
1 Prise weißer Pfeffer
1 TL Salz
30 ml Wasser

Alle Zutaten mit Elektromixer vermischen, bis
die Soße eine püreeartige Konsistenz aufweist.

Tipp 1: Teriyaki-Soße und Tonkatsu-Soße sind etwas
kompliziert herzustellen. Sie erhalten fertige Produkte
auch im Asiashop.

Tipp 2: Selbst gemachte Soßen bewahren
Sie am besten im Kühlschrank auf.
Dort sind sie 14 Tage haltbar.

Reis kochen

Bevorzugt wird Nishiki-Sushireis
(Asiashop) und die Zubereitung
im Reiskochtopf (für 5 Personen).

Pro Portion rechnen wir 200 g fertigen Reis.

500 g Reis
400 ml Wasser

Zubereitung im Reiskocher:
Den Reis im Innentopf des Reiskochers
5–6-mal gut waschen, bis das Wasser klar ist,
dann abtropfen lassen. 400 ml Wasser beifügen
und 30 Minuten bissfest kochen, weitere
5 Minuten zugedeckt ziehen lassen.

Zubereitung im Kochtopf:
Den Reis im Kochtopf 5–6-mal gut waschen, bis
das Wasser klar ist, dann abtropfen lassen.
400 ml Wasser beifügen und 5 Minuten auf
höchster Stufe kochen, immer bis zum Boden
umrühren (jede halbe Minute).
Verwenden Sie einen Reiskochlöffel dazu.

Wenn das Wasser verkocht ist, auf niedrigste
Stufe stellen und zugedeckt 20 Minuten
ziehen lassen, öfter umrühren.
Dann die Platte abschalten und weitere 5 Minuten
ziehen lassen, danach noch 10 Minuten warten,
bis der Reis den Dampf aufgesaugt hat.

Tipp: 1 Prise Salz und
3–4 Tropfen Rapsöl lassen
den Reis glänzen.

Unsere Köche

Alejandro Fundan

stammt von den Philippinen. Er hat seine Diplomausbildung in der „Modul University Vienna", der Tourismusschule der Wirtschaftskammer Österreich, absolviert. Alejandro Fundan ist im Restaurant vielseitig einsetzbar – sowohl in der Küche als auch im Service. Derzeit ist er als Filialleiter in der ersten Akakiko-Filiale in der SCS Multiplex tätig. Sowohl die Kunden als auch die Mitarbeiter schätzen an ihm besonders seine Flexibilität.

Ji Sun Jeon

wurde in Seoul, Südkorea, geboren. Sie hat in ihrer Heimat Ernährungswissenschaft studiert und lebt seit sieben Jahren mit ihrer Familie in Wien. In der Freizeit widmet sie sich besonders ihrem Sohn und hört gern Musik. Wissenschaftliche Erkenntnisse lässt die engagierte Mitarbeiterin bei der Kreation neuer Soßen und Speisen in der Zentralküche einfließen. Zudem übernimmt sie die Verantwortung für Soßen, Gewürzmischungen und andere Zutaten, die täglich von der Zentrale aus in die jeweiligen Restaurants geliefert werden. Ihre Kollegen schätzen Ji Suns fröhliche Art und ihre außergewöhnliche Einsatzbereitschaft.

Klaeo Khaokhieo

wurde in Konkaen, Thailand, geboren. Er ist nun seit fast 30 Jahren in Österreich und liebt dieses wunderschöne Land, in dem er mit seiner Frau und den zwei Kindern lebt. Klaeo Khaokhieo arbeitet in der Akakiko-Filiale Landstraße. Dort teilt er mit den Kollegen die Freude am Kochen. Sie schätzen seine zuvorkommende, hilfreiche und humorvolle Art. Er hat das Talent, die Atmosphäre im Team zu harmonisieren. Innerhalb der asiatischen Küche favorisiert er besonders die Thailands, da sie gesund ist und vital macht. Er ist der Meinung, dass „exotisches" Essen auch glücklich machen kann.

Chi-Hai Lieu

stammt aus Phnom Penh, Kambodscha. Als er noch ein Kind war, ist seine Familie vor den Roten Khmer nach Vietnam geflüchtet. 1982, als er zehn Jahre alt war, flüchteten seine Eltern mit ihm abermals, diesmal als „Boat People". Seine Mutter ertrank auf der Überfahrt nach Hongkong. Noch im gleichen Jahr erhielten sein Vater und er Asyl in Österreich. Chi-Hai Lieu hat die Ausbildung in Wien abgeschlossen und lebt hier gemeinsam mit seiner Frau und zwei Kindern. Chi-Hai Lieu ist derzeit in der Akakiko-Filiale Favoritenstraße tätig und sehr vielseitig für das Kochen aller Speisen einsetzbar.

Somphol Rattanajermpaibool

wurde in Nonthaburi, Thailand, geboren. Seit 1993 ist er in Wien. Anfangs war er Chefkoch im Thai-Restaurant Mangostin, dann wurde er als Sushi-Spezialist in das damals zweite Akakiko-Restaurant am Naschmarkt gewonnen. Übrigens hat Somphol Rattanajermpaibool bei einem Wettbewerb bewiesen, dass er von allen Köchen Österreichs Lachs am schnellsten zubereiten kann. Diese besondere Fertigkeit stellt der engagierte Mitarbeiter seither in der Zentralküche unter Beweis, wo er täglich für das Filetieren von durchschnittlich 200 frischen Lachsen zuständig ist. Er bereitet auch das Catering vor.

Allan Santos

stammt von den Philippinen. Wir schätzen ihn als besten Sushi-Meister bei Akakiko. Er bereitet das Sushi sehr schön zu, und zwar in der richtigen Form von Reisbällchen mit Fischfilets. Außerdem ist Allan Santos Spezialist für die „New York Rolls" (Maki). Er arbeitet im Donauzentrum an der offenen Sushi-Theke. Viele Kunden bestellen gern direkt bei ihm, weil sie das authentischer finden. Im Team überzeugt er durch seine Führungskraft.

Quoc-hoa Tran

wurde in Haiphong, Vietnam, geboren. Als er drei Jahre alt war, flüchtete seine Familie als „Boat people" über das Meer nach Hongkong. Dort warteten sie über zwei Jahre in einem Flüchtlingslager auf die Einreiseerlaubnis in die USA. Schließlich wurden sie von Österreich aufgenommen, kamen nach Krems und später nach Linz. Quoc-hoa Tran absolvierte nach der Schulzeit eine Ausbildung zum Fleischhauer. Bei Akakiko stellte er sich rasch um und arbeitet nun schon seit 2004 als Koch, aktuell in der Filiale Gerngross. Herr Tran ist sehr fleißig und schnell, problemlos bereitet er auch mal 300 Portionen allein zu. Seine angenehme, charmante Art macht ihn im Team und bei den Gästen sehr beliebt.

Liyun Yu

stammt aus Wenzhou, China. Sie kam als Achtzehnjährige 1986 gemeinsam mit ihrer Mutter nach Wien. Die Liebe zur Gastronomie liegt bei ihr in der Familie. Um den Eltern, die in Wien ein eigenes Restaurant geführt haben, zur Seite zu stehen, entschied sie sich anstelle eines Studiums für die Ausbildung zur Kellnerin. Liyun Lu ist seit 1996 bei Akakiko, anfangs im Lokal am Heidenschuss, jetzt in der Filiale Gerngross, Mariahilfer Straße. Im Service überzeugt sie durch ihre nette, ausgeglichene Art den Kunden gegenüber. Sie ist bestrebt Harmonie auszustrahlen, auch in stressigen Situationen. Liyun Yu lebt gemeinsam mit ihrem Mann und zwei Kindern in Wien.

Foodstyling
& Fotografie

Florence Stoiber

war für die gelungenen Fotos in diesem Buch verantwortlich.
Die gelernte Fotografin aus Wien beschäftigt sich seit 2012 intensiv
mit dem Schwerpunkt Food-Fotografie sowie Food Styling. So
hat sie am renommierten International Culinary Center das Fach
„Food-Design" belegt. Ihre Inspiration holt sie sich nicht nur aus
Rezepten, sondern auch auf Reisen. Insbesondere kulturelle
Einflüsse spiegeln sich in ihren Arbeiten wieder.
Ihre Leidenschaft zum Essen zeigt sie außerdem auf ihrem
Foodblog „AvocadoBanane", wo sie für ihre Rezeptkreationen
unter anderem ihre chinesischen Wurzeln in die österreichische
Küche einfließen lässt.

www.florencestoiber.com
www.avocadobanane.com

Die Akakiko-Story

Die Firmengeschichte von Akakiko begann 1994 mit der Gründung des ersten Restaurants in der Shopping City Süd. Inzwischen kann das Gründer-Team um Mi-Ja Chun, Dr. Michael Friedländer und Park Chan Su stolz auf 17 Restaurants und sieben Franchise-Standorte verweisen.

Die Firmenphilosophie ist „Learning by working". Viele MitarbeiterInnen kommen mit mangelhaften Deutschkenntnissen nach Österreich, manche hatten in ihrem Herkunftsland schlechte Bildungsbedingungen. Bei Akakiko erhalten sie die Chance, das Kochen und Servieren von Grund auf zu erlernen. Sie filetieren Lachs, bereiten die Zutaten vor, schneiden Gemüse und Obst, kochen Reis, nehmen an Hygieneschulungen teil und lernen im Arbeitsalltag die deutsche Sprache.

Akakiko entwickelt ständig neue Speisen und Beilagen, da es den Köchen Freude bereitet, auf asiatische Weise Abwechslung zu bieten. Der multikulturelle Hintergrund der Mitarbeiter hilft dabei sehr – sie stammen aus über 20, vorwiegend asiatischen Ländern. Innovationsgeist auf dem kulinarischen Sektor wird geschätzt: Wer eine neue Speise kreiert, erhält als Belohnung die Flugtickets für einen Urlaub in seiner Heimat.

AKAKIKO IN ZAHLEN UND FAKTEN:

- Täglich werden 6000 bis 7000 Portionen gekocht.
- 200 Tonnen Lachs und
- 150 Tonnen Reis werden pro Jahr verarbeitet.
- Die 350 Mitarbeiter und 50 Zusteller kommen aus über 20 Nationen.
- Das größte Lokal im Gerngross Mariahilfer Straße kann an Spitzentagen bis zu 1000 Gäste begrüßen.

Die bei den Gästen beliebtesten Speisen sind Mango Beef, Sesam Chicken, das Sushi-Set mittel, Harumaki (mit Gemüse gefüllte Mini-Frühlingsrollen), Lachs- und Gurkenmaki. Sonderwünsche von Kindern werden gern berücksichtigt. Sie bevorzugen Harumaki und die kleinen Maki-Rolls, lernen bei Akakiko mit Stäbchen zu essen und bleiben auch als Erwachsene begeisterte Stammkunden.

Im Auftrag von Kooperationspartner
Akakiko Restaurant-Entwicklungs GmbH
Hermann-Mark-Gasse 5, 1100 Wien
www.akakiko.at

„Making of..."
Videoclips
online!

https://bit.ly/2O19qrV

Copyright © 2018 Cadmos Verlag GmbH, München

Projektleitung und Lektorat: Dipl. Päd. Ing. Barbara P. Meister MA,
FachLektor.at

Grafisches Konzept: Balázs Alrutz, Akakiko GmbH

Layout und Satz: Gerlinde Gröll, Cadmos Verlag GmbH

Druck: Graspo CZ, a. s., Zlín, www.graspo.com

Deutsche Nationalbibliothek – CIP-Einheitsaufnahme
Die Deutsche Nationalbibliothek verzeichnet diese
Publikation in der Deutschen Nationalbibliografie;
detaillierte bibliografische Daten sind im Internet
über http://dnb.ddb.de abrufbar.

Printed in Czech Republic

ISBN 978-3-8404-7054-7

Haftungsausschluss

Für die Richtigkeit der Angaben
wird trotz sorgfältiger Recherche
keine Haftung übernommen.
Der Verlag und die Autoren
übernehmen keinerlei Haftung
für Beschwerden, die sich
durch Anwendung der Rezepte
ergeben, und übernehmen auch
keinerlei Verantwortung für
medizinische Forderungen.